CATALOGUE

DES

GENTILSHOMMES

DE BOURBONNAIS

ET NIVERNAIS

QUI ONT PRIS PART OU ENVOYÉ LEUR PROCURATION AUX ASSEMBLÉES DE LA NOBLESSE
POUR L'ÉLECTION DES DÉPUTÉS AUX ÉTATS GÉNÉRAUX DE 1789

Publié d'après les procès-verbaux officiels

PAR MM.

LOUIS DE LA ROQUE ET **ÉDOUARD DE BARTHÉLEMY**

PARIS

E. DENTU, LIBRAIRE | AUG. AUBRY, LIBRAIRE
AU PALAIS-ROYAL | 16, RUE DAUPHINE

1865

Tous droits réservés.

AVERTISSEMENT

Le Bourbonnais, situé au milieu de la France, borné au nord par le Nivernais et le Berry, à l'ouest par la Marche, au Midi par l'Auvergne, à l'est par la Bourgogne et le Forez, tirait son nom de la petite ville de Bourbon l'Archambault, place importante du temps de Pépin, qui s'en empara en 761 sur Gaiffre, duc d'Aquitaine.

Bourbon a eu des seigneurs particuliers que quelques-uns nomment *comtes* et d'autres *sires;* dont le premier a été Guy de Dampierre, vivant en 1030. Béatrix, héritière de la Seigneurie de Bourbon, épousa en 1271 Robert, fils de France, comte de Clermont en Beauvoisis, le plus jeune des fils de Saint-Louis. La Seigneurie de Bourbon fut érigée en duché-pairie par Philippe de Valois en 1329, en faveur de Louis de Bourbon, fils de Robert de Clermont (1). Louis, duc de Bourbon, eut deux fils, Pierre et Jacques. Pierre fut la tige des premiers ducs de Bourbon, qui finirent avec Charles, connétable de France, dont les biens furent confisqués, et réunis à la couronne par suite de sa révolte contre François Ier. Jacques de Bourbon, héritier du comté de la Marche, est l'auteur de la branche Royale de la maison de Bourbon, qui succéda aux Valois en 1589, et fut appelée au trône dans la personne de Henri IV.

En 1659, par le traité des Pyrénées, le duché de Bourbon fut démembré de la couronne et donné à Louis de Bourbon, prince de Condé, pour l'indemniser de la perte du duché d'Albret, échangé avec le duc de Bouillon, contre la principauté de Sedan.

---

(1) Les anciens sires de Bourbon portaient : « D'or au lion de gueule, à huit coquilles d'azur posées en orle. » Les ducs de Bourbon portaient : « De France à la bande de gueule. »

Moulins était le siége de la Généralité de Bourbonnais et de Nivernais divisée en sept élections. Le présidial de Moulins ressortissait au parlement de Paris.

Le Nivernais, réuni autrefois aux comtés d'Auxerre et de Tonnerre, avait eu des seigneurs particuliers dont la postérité masculine s'éteignit à la fin du douzième siècle. Le comté de Nevers passa successivement par mariage dans les maisons de Bourgogne, de France, de Flandres, et de Clèves, en faveur de laquelle il fut érigé en duché-pairie en 1539. Henriette de Clèves épousa, en 1564, Louis de Gonzague, fils du duc de Mantoue, et lui apporta le duché de Nevers. Charles III de Gonzague, héritier de cette maison, vendit, en 1639, le duché de Nevers au cardinal Mazarin, qui le laissa à son neveu Julien Mancini, dont le petit-fils Jules Mancini-Mazarin, connu sous le nom de duc de Nivernais, le possédait en 1789. Ce fief n'avait jamais été réuni à la couronne, de sorte que le duc y exerçait encore une partie de l'autorité féodale, et entretenait à ses frais une Chambre des comptes du domaine et duché-pairie de Nivernais et Donziais. Saint-Pierre le Moutier était le siége d'un présidial qui ressortissait au parlement de Paris. Le Bourbonnais et le Nivernais ont formé les départements de l'Allier, de la Nièvre et une portion de celui de la Creuse.

Paris, 25 janvier 1865.

CATALOGUE

DES

GENTILSHOMMES DE BOURBONNAIS

SÉNÉCHAUSSÉE DE BOURBONNOIS.

Procès-verbal de l'Assemblée générale des trois ordres.

16 mars 1789.

(*Archiv. imp.* B. III, 36. p. 219, 263-387.)

Jacques Grimauld, écuyer, Sgr de Panloup, la Grange, Monchevrier et le Péage, conseiller du Roi, lieutenant général, enquêteur et commissaire examinateur en la sénéchaussée du Bourbonnois et siége présidial de Moulins. (1).

NOBLESSE.

Châtellenie de Moulins.

Aubery du Goustel, aîné, écuyer.
— De Balivières.
— Le comte de Barre.
— Le marquis de Bonnay.
— Madame la comtesse de Beauvoir.

---

(1) Nous croyons devoir faire observer qu'un certain nombre de familles nobles du Bourbonnais et du Nivernais ont pu ne pas figurer dans ces assemblées pour cause d'absence, de maladie ou d'abstention.

L'orthographe des noms qui composent cette liste a été revue et collationnée sur la minute du procès-verbal des archives de l'empire, B. a. IV. 48. — V. *l'Armorial du Bourbonnais*, par le comte Georges de Soultrait, — Moulins, 1857.

Les noms précédés du signe — sont ceux des électeurs représentés.

Bodinat de la Motte.
Le chevalier de Bordon.
— Madame de Bourosse.
— Madame la comtesse du Bourg.
De Chabre.
Des Chaises du Chézeau.
Le vicomte de Chalus.
De Champfeu fils.
Charry, marquis des Goutes.
— De Chizeul.
— Le baron de Choiseul.
Clerget de Saint-Léger.
Le comte du Cléroir, écuyer.
Jean-Louis Coeffier (Coiffier).
Coeffier de Moret.
Coeffier de Verfeu.
Coeffier de Breuille.
Henry Coeffier, baron de Breuille.
— Mgr le prince de Condé.
Conny de Toury.
— Desjours de Mazille.
Le comte de Douzon.
Donjon, écuyer.
Dubroc (du Broc) fils et pour son père.
Durye fils, écuyer.
Des Escherolles.
Le comte d'Estrées.
Le baron d'Estrées.
— Farjonnel père.
De Faucompré père.
— De Fretat de Salepaterne.
De Givreuil fils, et pour sa mère.
Hautier de Villemontois.

— De la Brousse-Vérazet.
— Mme la vicomtesse de la Ferronnais.
La Motte-Bodinat.
Le Noir d'Espinasse.
De Lespinasse père.
Le comte du Mirat.
— Le marquis de Montaigu.
De Moricet.
Le baron de Neufchaise.
— L'abbé de Neufchaise.
De Pontgibaud.
— Le marquis de Pont le Roy.
Preveraud du Plaix.
Preveraud de Bornat.
— Priolo.
— Prizy de Chazelles.
— Le comte de Renaud.
Roi de la Brosse (Roy).
— Roi de l'Ecluse.
Roi de la Chaize.
Roi de la Nizère.
Rollat du Chambon.
— Rollet d'Avaux.
Le comte de Sagonne.
De Saincy.
Sallé.
Semyn, écuyer.
— De Soultrait.
Le comte de Tracy.
Le comte des Ulmes de Torcy.
— Le baron de Veauce.
Vilhardin de Marcellange.
De Vitry.
— Le comte de Vougy.

Châtellenie d'Ainay-le-Château.

Aubery du Goustel.
D'Aubigny.
— D'Aubigny, Sgr de Beauvais
— Le comte de Barre.
— Le comte de Béthune.
— De Bonneval.
— Le marquis de Bonneval.
De Brinon, écuyer.
De Brinon.
— De Charot.

Du Chateau, écuyer.
Coeffier de Moret.
Du Deffend.
— Dersigny.
— Desmagnaux.
— Doullet.
— Le Duc de Charoux.
Dupeyroux (du Peyroux).
Pierre Dupeyroux.
— François Dupeyroux.

Dupeyroux de Bois-Aubin.
Duverneix, écuyer.
— Le marquis de Fontenais.
— De Fontenais.
— Les héritiers du comte de Fougières.
Le chevalier du Goustel.
— De la Cour.
Delaporte d'Issertieux (La Porte).
Le marquis de la Porte d'Issertieux.
Le marquis de la Roche, écuyer.
— Isaac de la Tourette.
— Le Borgne du Lac
De Louan des Granges.
De Montluc de la Lœuf.
Le comte du Peyroux.
— De Puigiraud.
— Ragon-Desbarres.
De Rollat, écuyer.
Le comte de Sagonne.
— De Simiane.
— Le comte de Thianges.
Le comte de Tracy.
Le comte de Troussebois.

Châtellenie de Billy.

— D'Arfeuille (1).
Godefroy du Bardon du Méage.
Bardonnet des Martels, pour son père.
— Bardonnet de Goudailly.
— Bardonnet de la Toule.
De Berthet de Martillière.
De Boiscouteaux.
— Bouquet de Chazeuil.
Le comte de Chabannes.
De Chabannes.
Du Chambon.
Le comte de Chauvigy de Blot.
De Chauvigny de Blot.
— Deissat des Bravards.
Depont.
— Douay (Douèt).
Duprat.
Dupuy.
— De Durfort.
Des Escures fils, écuyer, et pour sa mère.
Le marquis d'Estrades.
Le baron d'Estrées.
Le marquis d'Evry.
— De Finance.
De Fradel.
De Genestoux de Berthelas, et pour son père.
Giraud du Rozat.
Girard de Saint-Gérand.
De Grassin.
De Grassin de Sorbiers, pour son père.
— Le Cymetière de la Bazolle.
— Miramont.
— De Mirepoix.
— Du Peyroux des Escures
— Rarolle de Reuilly.
Robert des Joberts.
Salté.
Du Sarret (de Sarre).
— Saulnier du Verneix.
Le comte de Troussebois.
De Vicq de Pontgibaud.

Châtellenie de Bourbon-l'Archambault.

Les héritiers de M. de Bordon.
De Brinon.
— De Chambaud.
— Chartron des Mauguins.

(1) Yves Morin, comte d'Arfeuille (V. le *Catalogue de la Marche*, p. 12 et 14.) C'est par erreur que le nom de cette famille est écrit *d'Orfeuille* sur le procès-verbal de la Haute-Marche. Il faut lire *d'Arfeuille*.

Coeffier de Moret.
— De Conny de la Faye.
— Des Champs de Pravier.
Hautier.
— Hugon.
De Jersaillon de Bigut.
— Jean de la Trollière de Grozinière.
De Le Borgne.
Le comte de Le Borgne.

De Marcellange.
— De Meschatin.
— D'Orvilliers.
Le comte du Peyroux.
De Pontgibaud.
Roy de la Nizère.
Le comte de Sagonne.
— De Saint-Hilaire de Bouan.
— Le comte de Saint-Hilaire.

Châtellenie de Chantelle.

— De Barthomiviat de la Besse.
— Le comte de Barre.
— De Billy.
Boussigny.
Boutais de Chantenais.
Du Boutet fils cadet, et pour sa mère.
De Chabre.
— De Chalus.
— De Chatelus.
Conny de Toury.
— D-scombres (de Combes).
— Dinet de Cesset.
De Donjon.
— Duché-Dufresse.
— Dutour (du Tour).
— Farjonnel de la Forêt.
De Fontanges, écuyer.
Le comte de Givry.
Du Jouhannel.
Hautier.
De Laage.

Lamy de Boiscouteaux.
— Langlois de Romantières.
De Laplain (Lapelin).
— Le marquis de la Rouzière.
Le marquis du Ligondès.
— Messire du Ligondès.
De Longueil.
— De Marcellange.
— Maréchal.
— Racot, ou Rarolle de Reuilly.
— Le marquis de Rochefort d'Ailly.
Roy de la Nizère.
De Rollat, écuyer.
De Rollat de Puiguillon.
— De Salvert de Montrognon.
— Le marquis de Tilly.
— Du Tour de Salvert.
— Le marquis de Veyny.
— De Verdal (Loubens Verdalle).
Vilhardin de Marcellange.

Châtellenie de Chaveroche.

— Le comte de Bertier.
De Chargère.
Le chevalier de Coeffier.
De Gévaudan.
— Benigne du Gon (d'Hugon).

Le comte de Le Borgne.
— De Poix-Fau.
Le comte de Villemontés.
Le comte de Viry.

Châtellenie de Gannat.

— De Bordon des Rigoulettes.
De Chabre.

— De Champflour.
— De Chazerat.

— De Courtoreille de Montclar.
Dubuisson.
D'Estrées fils, écuyer.
De Faure de Chazours, comte de Faure.
— Ferrand.
De Fontanges.
De Gévaudan.
De Grassin, écuyer.
De Jersaillon.
Du Jouhannel, écuyer.
— Pélissier de Féligonde.
Preveraud de Bornat.

— Laporte Mazerier.
De Longueil.
— Mme la comtesse de Lyonne.
— Marien de Mareschal.
Ribauld de la Chapelle.
— Pierre-Augustin, marquis de Rochefort d'Ailly.
Augustin de Veyny de Villemont.
— Dame Gilbert-Louise-Marguerite de Vernoy, veuve de François de Fontanges.
Le marquis de Villemont.

Châtellenie d'Hérisson.

Le chevalier d'Aubery.
De Barre de Rafflye.
De Bisseret.
— Chabenat de Malmaison.
De Chabre.
— De Champ-Dumont.
Jacques de Champfeu.
Le baron de Coëffier.
Coëffier de Verfeu.
— Deschamps.
— De Dreuille de Grandchamp.
Du Buisson de Vieilfont.
Du Château.
Du Peyroux.
— Duverdier.
Des Escures.
— Mme Fermée.

Fradel de Souligny.
De Gévaudan.
De la Brière.
— Le comte de Langeron.
De la Roche.
— Mme de la Roche.
Le comte de Leborgne.
— Le comte de Le Borgne du Lac.
— Le Breuil d'Issart.
Le Groing de Treignat.
Le Groing de la Trolière.
— De Lyonne.
— De Magnac.
— Le marquis de Maubeu.
— Le comte de Montbel.
Le vicomte du Prat.

Châtellenie des Basses-Marches.

— L'abbé de Chavagnac.
De Conny de Toury, pour son père.
Du Buisson.
Du Chambon.
Le baron d'Estrées.

— De Maublanc de Chizeuil.
— Micaud de Courbeton.
De Miomandre.
De Précord fils, et pour son père.
Preveraud de Laubepierre.
Le comte de Viry.

Châtellenie de Montluçon.

— D'Aubigny.
- Audon.

De Bisseret fils, écuyer.
— Le marquis de Bartillat.

Bodinat de la Motte.
— Mme de Boisée.
Gilbert de Bressolles, écuyer.
— Charles de Bressolles.
— Breton, écuyer.
De Brinon.
Le chevalier du Buisson.
Le chevalier du Buisson de Vieilfont.
— De Châteaubodeau.
De Chaussecourte, écuyer,
— De Chaussecourte de Chalus.
Delaage.
Delaage, écuyer.
— Deschamps de Bisseret
— Deschamps de la Varenne.
Dubouis, écuyer (des Bouis).
— Dubreuil de la Brosse.
Du Chateau
Du Peyroux.

Dupeyroux de Goutière.
De Duras.
Fradel, écuyer.
— Garreau de Buffet.
De Laplain, écuyer.
— Lebel du Plot.
Le Groing de Treignat.
Le Groing de la Romagère fils, et pour son père, écuyer.
Le marquis du Ligondès.
— Le comte du Ligondès.
Le comte du Peyroux de la Buxière
— Du Peyroux de Beaucaire.
— De Rochedragon.
De Rollat.
— Du Saulzet.
— De Thianges.
Le marquis de Treignat.
— De Vandaigre.
— De Villevoisin.

Châtellenie de Murat.

— Mme la duchesse d'Antin.
— Mme d'Arthonne.
Le comte de Barre.
— Le baron de Bartillat.
De Bisseret.
— Mme de Boirneau.
De Bonnefoy fils, écuyer, et pour son père.
De Bressolles.
Le chevalier du Buisson.
Le chevalier du Buisson de Vieilfont.
De Chauvigny-Blot.
Coeffier du Tilloux.
— De Collasson.
— Henri-François-Nicolas, vicomte de Courtais.
Donjon, écuyer.
Duchâteau.
De Duras fils, écuyer, et pour sa mère.
Durye fils, écuyer.
— Duverdier.
— Le comte d'Eguilly.

— Farjonnel.
Gaulmin de la Goutte, et pour son père.
— Les héritiers de M. Griffet.
Hugon de Givry, écuyer.
De Jersaillon de Franchaise.
Le marquis de la Roche.
— De la Roche de Genat.
— Mme de la Roche de la Motte.
— De Lyonne.
De Monestay, écuyer.
De Monestay de Chazeron, et pour son père.
— De Montagnac.
De Rodillon de Chapettes.
Roy de la Brosse.
De Sagonne.
Le comte de Sagonne.
De Saint-Gérand, écuyer.
— Le comte de Thianges.
Le comte de Tracy.
— Le duc d'Uzès.

Châtellenie de Souvigny.

De Boirneau.
— Conny de la Faye.

Vilhardin de Marcellange.

Châtellenie d'Ussel.

Des Écherolles.
Le comte d'Estrées.
Giraud du Rozat.

— Le Lièvre de Fourille.
— Revangé de Bompré.

Châtellenie de Verneuil.

Le chevalier d'Aubery.
De Bonnefoy, écuyer.
Bonnet des Noix.
Le chevalier du Buisson de Vieilfont.
De Chauvigny de Blot des Fontaines.
Des Champs de Châteauneuf.
— De Dreuille.
Dubuisson des Aix.
Des Escherolles, écuyer.
Hugon de Givry.
— Jandon de Saint-Cirgue.

De Jersaillon de Franchaise.
— Le marquis de la Grange.
Ripoud de la Bresne, écuyer.
Nicolas Ripoud, écuyer, pour son père.
Roy de la Chaise.
De Saint-Gérand, écuyer.
Semyn, écuyer.
— Le marquis de Tilly.
Le comte des Ulmes de Torcy.
— Vernoy de Champfeu.
Vilhardin de Marcellange.

Châtellenie de Vichy.

— Badier de Verseille.
Bardonnet des Martels.
— Beaupoirier.
— Bourbon-Busset.
Du Chambon.
De Charière (Charrier).
Le comte de Chauvigny.
De Chauvigny.
— De Clermont Mont Saint-Jean.
Depont du Fourneau.
— Douay de Vichy.
Le marquis d'Evry.

— Le comte d'Evry.
— Garreau de Buffet.
De Gévaudan.
De Laage.
Le marquis de la Palisse.
— La Queil (Laqueuille).
— De Malmaison.
Le comte du Prat.
Le vicomte du Prat.
Antoine-Henri Revangé de Bompré, officier au régt d'Armagnac, et pour sa mère.
De Saint-Gérand.

Sont comparus sans être assignés :

Aubery du Goustel.
Le chevalier de Berthet.
De Bisseret.
De Boussigny.
De Boutet.
Le chevalier du Buisson.
Le chevalier de Chaises.
Le chevalier de Cherville, frère du comte de Troussebois.
Clerget de Saint-Léger.
Le comte du Cleroir.
Des Champs, colonel de cavalerie.
Donjon.
Le chevalier de Duras.
J. B. P. J. Durye fils.
Faucompré de Godet.
De la Roche, pour François Maurice de Sarre, écuyer.
Lenoir de Mirebeau.
Le comte du Mirat.
Ripoud de la Salle, conseiller au présidial.
Ripoud de la Bresne.
Roy de la Brosse.
De Rollat.

On donna défaut contre :

Le comte d'Apremont.
Aujay de la Dure.
De Ballore.
Anne des Barres, veuve de M. de Roffly.
De Baune.
Le comte de Bavale.
De Bordon.
Le marquis de Bouillé.
La marquise de Bouillé.
Le duc de Bouillon.
Le chevalier de Bouquetier.
Des Boyaux de Loriolle.
Le duc de Broglie.
Caillart.
Les dames Carmélites de Paris.
Catholle du Deffend.
De Chantemerle.
Chateau.
De Courtais.
De Courtais.
Madame Dagneaux.
Delichy (de Lichy).
Delormes.
Demurolle.
Desmagnoux.
Duchambon.
Dumont.
Dupeyroux-Dumont.
De Finance de Clairbois.
De Fontange.
De France.
Bernard de Fretat.
Des Gallois de la Tour.
Gascoing d'Orbec.
Madame Gascoing, veuve Gayet.
Le comte de Gaulmin.
Girard de Busson.
Mme de Gonzat.
De Goué de Bègue.
De Gozinnière.
Le Sgr d'Heuilleaux.
Jacquelot.
Jalloux.
Josse de la Besche.
La Bresne.
De la Boulaye.
De la Coude de la Vaublanche
De la Galissonnière.
De la Marche.
De la Motte-Changy.
Mme de la Motte-Changy.
Le comte de Lanas.
Mme de Langlard.
De la Rochassière.
Mme de la Souche.

De la Tour.
De Launay.
Le Lièvre d'Artange.
Le Mareschal des Montaux.
De Lenax.
De Lignerac.
La marquise de Lostanges.
De Louan de Courçais.
Magnard.
Milange de Meillat.
La comtesse de Miramont.
De Montagnac.
De Montagut de Beaune.
Le duc d'Orléans.
Papon de Baurepaire.
Perthon de la Cour.
Perthon de Maleray.
De Pouligny.
Préveraud de la Boutresse.
Ragon.
De Renodière.
Robin de Belair.

De Rollat.
De Rollines du Sel.
De Rollines de la Motte.
Rousseau.
De Sainsbut.
De Saint-Georges.
Le comte de Saint-Paul.
De Saint-Romain.
De Salvert de Charmes.
Simon de Lessart.
Simon de Quirielle.
De Sinety.
Le vicomte de Talaru.
Trochereau.
Trochereau de la Grange.
Les héritiers du marquis d'Ussel.
Mme de Vandaigre.
Vernoy de Montjournal.
Vernin d'Aigrepont.
La marquise de Vichy.
De Villaines.
De Wilmain (Villemin).

LISTE DES DÉPUTÉS DES TROIS ORDRES

AUX ÉTATS GÉNÉRAUX DE 1789.

MOULINS.

Pierre Tridon, curé de la paroisse de Rongères.
Jean Aury, curé de la paroisse d'Hérisson.
François-Xavier Laurent, curé d'Heuillaux.

Denis-Michel-Philibert Dubuisson, comte de Douzon, Sgr de Montaigu et Poncenat, brigadier des armées du Roi, chevalier de Saint-Louis.
Antoine-Louis-Claude Destutt, comte de Tracy, Sgr de Paray-le-Frézy, colonel du régt de Penthièvre-infanterie, chevalier de Saint-Louis.
Henri Coëffier, baron de Breuille, ancien lieutenant des vaisseaux du Roi, chevalier de Saint-Louis.
Jean-Frédéric de Chabannes, marquis de la Palisse, colonel attaché au régt des chasseurs de Normandie, chevalier de Cincinnatus, suppléant.

Gilbert Michelon, procureur du Roi au siége de Murat.
Jean-Gilbert Berthonnier de la Villette, procureur du Roi à Bruyères.
François Lomet, avocat en parlement à Moulins.
Jean-Joseph Goyard, sieur Duberjoux, avocat en parlement.
Pierre-Joseph Vernin, conseiller du Roi, assesseur civil et lieutenant particulier en la sénéchaussée du Bourbonnois.
Léon-Henri-Eléonore Lebrun, sieur de la Motte et de Bellecourt.
Gaspard Raignard, procureur du Roi à Montluçon, suppléant.
Jean-Baptiste Lucas, procureur du Roi au grenier à sel de Gannat, suppléant.
Gilbert Bruet de la Motte, avocat en parlement, suppléant.

GOUVERNEMENT MILITAIRE.

Le comte de Peyre, gouverneur général.
Le baron de Besenval, commandant en chef.
Le comte de Bercheny, commandant en second.

Lieutenants de Roi :

Le comte de Viry.   Le baron de Semur.

Lieutenants des maréchaux de France :

Moulins ..... Le vicomte de Villemontée.
Montluçon.... Le marquis Duligondès, *alias* du Ligondais.
            Le comte de Montais.
Aigueperse . Le comte de Sarrazin-Laval, chevalier de Saint-Louis.

GÉNÉRALITÉ DE MOULINS.

PAYS D'ÉLECTION.

1788. Foulon de Doué, Sgr du marquisat de la Tournelle, maître de requêtes, intendant.

BUREAU DES FINANCES.

1728. Vernoy de Montjournal.
1754. Vernin d'Aigrepont.
1755. Gory de Chaux.
1759. Baucheron.
1761. Hastier de la Jolivette.
      Robin de Belair.
1764. De Bonnefoy.
1766. Gascoing de Villecourt.
1767. Gareau Duplanchat.
      Rousseau de Sainte-Placide.
      acquet.

1771. Cornu de Villers.
1775. Lault.
1776. Deschanges de Fonteny.
1777. Simon de Lessart.
1779. Alarose de Beauregard.
      Perrotin de Chevagne.
      Simon de Quirielle.
1780. Vaillant.
1783. Nogueris.
1784. De Lavergne.
      Faure.
1786. Aladane de la Braise.

Gens du Roi :

1767. Perthon, avocat du Roi du Domaine.
1772. Mars, procureur du Roi du Domaine.
1767. Garreau-Duplanchat fils, avocat du Roi des finances.
1768. De la Brosse, procureur du Roi des finances.

Greffiers en chef :

1770. Heuillard, ancien.
1774. Boucaumont, triennal.
1780. Battelier, alternatif.

SÉNÉCHAL-PRÉSIDIAL DE MOULINS.

Le comte de Peyre, grand sénéchal du Bourbonnois.
Grimauld, lieutenant-général.
Deshouis de Salbrune, lieutenant particulier.

Vernin père, lieutenant-général de police.
Vernin fils, lieutenant criminel et assesseur civil.

Préveraud de Ractière, doyen.	Dominique de la Gauguière.
Imbert de Balorre.	Perrotin de Chevagne.
Bardonnet de Goudailly.	Berger de Ressye, clerc.
Heuillard de Certilly.	Barruel, fils.
Chabot.	Heuillard Fabrice.
Ripoud de la Salle.	Barruel père, honoraire.

Gens du Roi :

Buteaux-Dupoux, avocat du Roi.
Conny de la Faye, procureur du Roi.
Barbara, avocat du Roi.

CATALOGUE

DES

GENTILSHOMMES DE NIVERNAIS

BAILLIAGE DE NIVERNOIS ET DONZIOIS.

Procès-verbal de l'Assemblée des trois ordres (1).

14 mars 1789.

(*Archiv. imp.*, B. III, 97, p. 285, 336-377 ; 477-560.)

François Le Roy de Prunevaux, chevalier, Sgr de Prunevaux, Martangy, Poisson, etc., ancien lieutenant-colonel au régt de Royal-Cravate cavalerie, chevalier de Saint-Louis, grand bailli d'épée du Nivernois et Donziois.

Noble Charles-François Guillier de Monts, lieutenant-général au bailliage.

Noble Louis-François Chaillot de la Chassaigne, procureur général du Nivernois et Donziois.

Denis-François Prosergue, greffier ordinaire dudit siége.

NOBLESSE.

Le Roy de Prunevaux, chevalier, Sgr de Nolay, Martangy, Prunevaux, Poisson, ancien lieutenant-colonel au régt de Royal-Cravate cavalerie, chevalier de Saint-Louis, bailli d'épée du Nivernois et Donziois.

(1) Cette liste a été revue sur le procès-verbal de l'Assemblée particulière de la noblesse publié en 1847, — Paris, Victor Didron (*Bibl. imp.* Le 23, 87. Réserve) et complétée sur le procès-verbal manuscrit des Archives de l'Empire.

Jean-Nicolas de Bongards, chevalier, mestre de camp de cavalerie, chevalier de Saint-Louis.

Pierre-François Fournier, comte de Quincy, Sgr d'Arthel.
— Jean-Baptiste-Marie, marquis de Chabannes, capitaine au régt de Royal-Normandie, co-Sgr de Quincy-sur-Yonne.
— Jean-Baptiste Desgalois (des Gallois) de la Tour, premier président au parlement d'Aix, intendant de Provence, Sgr de Chezelles, Dompierre, conseiller du Roi, maître des requêtes honoraire de son hôtel.
— Jean d'Avoult, ou d'Avoust, écuyer, Sgr de Préporcher.

Jean-Michel Gascoing de Demeurs.
— Dame Marie-Emilie Vesvre, marquise de Tracy, veuve de Claude-Louis-Charles Destut, marquis de Tracy, maréchal de camp, dame du fief de l'Epineau.
— Dame Marguerite-Charlotte de Menou Dodard, veuve de Claude-Marie Dodard, chevalier, mestre de camp de cavalerie, chevalier de Saint-Louis, dame du fief de Chazeaux, etc.

Claude Nault de Champagny, maréchal de camp, chevalier de Saint-Louis, Sgr de Trésilion.
— François-Marie Gaucher de Chamartin, écuyer, Sgr de Moncet.
— Cérice-François-Melchior, comte de Vogué, maréchal de camp, Sgr d'Aubenas et Four, gouverneur de Montmédy.

Antoine Robert, marquis du Quesnay, Sgr de Morache.
— Jean-Pierre, comte de Certaines, chevalier, Sgr de Villemolin, le Chemin en partie, Chassaigne, Magny, Bailly, etc.
— Paul-Balthazar de Roland, chevalier, Sgr d'Arbouse et Euriot, etc.

Jean-Pierre de Damas, comte d'Anlezy, maréchal de camp.
— Louis-Jules-Barbon Mancini-Mazarini, duc de Nivernois et Donziois, pair de France, ministre d'Etat, chevalier des ordres du Roi, brigadier d'infanterie.
— Elie-Charles de Talleyrand-Périgord, prince de Chalais, Sgr marquis de Vandenesse, grand d'Espagne de première classe.

Joseph-Henri-Gabriel Fournier, vicomte de Quincy, chevalier de la Charnaye, Chemeru et Bois Roland, vicomte de Clamecy, baron de Suryonne.
— Marcellin de Roland, chevalier, Sgr d'Arbouse.
— Pierre-Henri-Ferdinand, comte de Charry de Beuvron, Sgr de Beuvron.

Pierre de Berthier, chevalier.
— Dame Hélène de Berthier, dame de Vieullien, veuve de Jean de Berthier-Duvernay, ancien capitaine de cavalerie, chevalier de Saint-Louis.
— Dame Jeanne de Charry, veuve de Germain-Joseph de Pagany, Sgr d'Ugny.

Michel-Henri-Claude de la Barre, chevalier, baron de la Motte-Jousserand, etc., ancien officier d'artillerie et du génie.
— Louis de Morache, marquis de Miennes.

François de Forestier, maréchal de camp, Sgr de Villars-le-Comte, les Granges, etc.

— Dame Antoinette-Louise-Marie Crozat de Thyers, comtesse de Béthune, dame du comté des Bordes et baronie d'Apremont, veuve de Casimir-Léon comte de Béthune et des Bordes, brigadier des armées du Roi, lieutenant-général de la province d'Artois, gouverneur d'Arras, chevalier d'honneur de Madame Adélaïde de France.

— Gilbert-Michel, comte de Chauvigny de Blot, Sgr des Granges et de Saint-Allyre-de-Vallence en Bourbonnais.

Alexandre-Ambroise, comte de Rafélis, Sgr des Doraux, chevalier de Saint-Louis, gouverneur de Beaune.

— Mgr le prince de Condé (Louis-Joseph de Bourbon), Sgr de Dornecy, duc d'Enghien, grand-maître de France, etc.

— Dame Jeanne de Bar, marquise de Saint-Sauveur, dame de Neuvy-le-Barrois, veuve de Joseph-Marie de Rafélis, marquis de Saint-Sauveur, maréchal de camp, chevalier de Saint-Louis, etc.

Edme, comte de Longueville, chevalier, Sgr de Champmoreau, Sichamps, etc., ancien capitaine au régt de Lyonnais, chevalier de Saint-Louis.

— Edme-Antoine de Moncorps, Sgr de Coulangeron, etc., ancien capitaine au régt d'Auvergne, chevalier de Saint-Louis.

— Dame Anne-Geneviève More, veuve de Jean-François-Gabriel d'Estutt, écuyer, Sgr de Blanay, capitaine de cavalerie, chevalier de Saint-Louis, au nom de ses enfants mineurs, Sgrs de Blanay.

Antoine-Charles, comte de Pracomtal, maréchal de camp, Sgr de Châtillon et baron de Bernière, chevalier de Saint-Louis.

— François-Louis-Antoine de Bourbon, comte de Busset, Sgr de Visigneux, baron de Puisagut et de Saint-Martin-du-Puits, etc., lieutenant-général des armées du Roi, premier gentilhomme de la chambre de Mgr le comte d'Artois.

— Léonor-Anne-Gabriel, marquis de Pracomtal, Sgr de Vesvres, etc.

Henri-Jean-Baptiste Boutet de Monthery, écuyer, ancien conseiller du Roi, trésorier, receveur général et payeur des rentes.

François-Nicolas Bricault, Sgr de Brain, ancien capitaine du régt Royal-Piémont cavalerie, chevalier de Saint-Louis.

Gabriel-César, baron de Choiseul, maréchal de camp, ambassadeur de S. M. à la cour de Turin, Sgr de Sermoise, etc.

— Charles-Léopold, marquis de Jaucourt, chevalier des ordres du Roi, Sgr de Lavallée, lieutenant-général des armées du Roi et de l'isle de Corse, gouverneur de Valenciennes.

— Regnault-César-Louis de Choiseul, duc de Praslin, Sgr de Rozay et Villars, pair de France, maréchal de camp, etc.

Paul-François Sallonnyer, écuyer, Sgr de Mont et de Chaligny.

Michel (Etienne-Nazaire) Girard de Montifault, écuyer, Sgr de la Vernière, Chasnay, Beaumont, Tresnay, etc.

— Dame Anne-Marie-Simonne d'Escorailles (de Scorailles), comtesse de Busseuil, dame de Villette, veuve de messire Henri-François, comte de Busseuil, tutrice de Henri-François-Louis, comte de Busseuil, sous-lieutenant de cavalerie.

— Dame Gabrielle Millot de Montjardin, dame de Pousseri, etc., veuve de messire Anne-Édouard de Reugny.

Etienne de Borne de Grandpré, écuyer, chevalier de Saint-Louis, ancien capitaine au régt de la Sarre.

— Dame Anne-Joseph de la Dux, dame de Cuy, comme tutrice des enfants mineurs de Pierre Le Roy, chevalier, Sgr dudit Cuy, ancien capitaine au régt de la Sarre, chevalier de Saint-Louis

— Dame Marie-Anne Mérat de Sermizelles, dame de Moissy, veuve de Barthélemy-Guillaume de Sermizelles, chevalier de Saint-Louis, capitaine de grenadiers.

Etienne, comte de Laroche-Loudun, chevalier, Sgr de Lupy, ancien officier.

— Jean-Louis, baron de Nuchèze, Sgr du Deffend, ancien capitaine de dragons.

— François-Germain-Zacharie-Louis de Chéveru, Sgr du comté de Brèves, gouverneur de Clamecy.

Edme de la Bussière, chevalier, ancien officier de cavalerie, chevalier de Saint-Louis.

— Guillaume des Ulmes, chevalier, Sgr de Trougny, etc., ancien garde du corps du Roi.

Louis-Laurent-Joseph, comte de Montagnac, lieutenant-colonel d'infanterie, chevalier de Saint-Louis.

— Pierre-François de Bréchard, chevalier, Sgr de Chamonos en partie, *alias* Chaumont la Cour.

— Jean Ducrest, écuyer, Sgr de Ponay, ancien officier au régt d'Alsace.

Louis-Claude-François Carpentier de la Thuillerie, écuyer, Sgr du fief de la Brosse.

— François Carpentier de Changy, écuyer, chevalier de Saint-Louis, Sgr des Pavillons, Vanzé, etc.

— Auguste-Joseph de Broglie, prince de Revel, comte et baron de Druy, Sougy, etc., grand bailli d'épée de Dourdan.

N... Girard de Busson, écuyer.

N... Espiard de Macon, Sgr de la Cour d'Arsenay.

— Dame veuve Espiard, dame d'Acray.

Pierre-Claude des Jours, chevalier, comte de Mazille, Sgr de Montmartin, etc., chevalier de Saint-Louis, ancien capitaine de dragons.

— Etienne des Jours, chevalier de Mazille, Sgr de Pommeray, ancien capitaine de vaisseau, chevalier de Saint-Louis.

— Jacques-Joseph comte Duclerroy (du Cléroy), Sgr de Marcy, etc., ancien capitaine d'infanterie au régt de la Sarre.

Louis-Étienne-François (Etienne-Charles) de Damas de Crux, comte de Crux, maréchal de camp, chevalier des ordres du Roi, etc.

— Dame Marie-Louise de Menou, comtesse de Damas de Crux, marquise dudit Menou, dame de Villiers, etc., veuve de Louis-Alexandre de Damas de Crux.

— Dame Marie-Thérèse du Quesnay, chanoinesse, comtesse de Leigneux, dame en partie du fief de Dirol.

Paul-Marie-François de Maumigny (comte de Maumigny), lieutenant

colonel du régt des chasseurs à cheval de Franche-Comté, chevalier de Saint-Louis, Sgr de Riéjot.
— Demoiselle Claude-Madeleine-Perrette-Marie de Maumigny de Verneuil, dame de Verneuil.
— Pierre-Etienne-Bruno, chevalier, baron de Vitry, Sgr de Champlévrier, etc.

Jean-Baptiste Richard de Soultrait, écuyer, Sgr de Fleury-sur-Loire, etc., chevalier de Saint-Louis, ancien capitaine au régt de Condé.
— Jean-Baptiste-Lazare-René de Moncorps du Chénoy, chevalier, Sgr de la Motte-Jousserand, etc., chevalier de Saint-Louis, gouverneur de Montluel en Bresse.
— Dame Marie-Jacquette Bourgoing de Soultrait, dame de Toury-sur-Abron, etc., veuve de Pierre Richard, Sgr de Soultrait.

Jacques-Sébastien-Louis Dubois, écuyer, président de la chambre des comptes.
— Bernard-Paul-Sébastien Dubois, sous-diacre du diocèse de Nevers; Jacques-Hilaire Dubois de Marzy, écuyers, mineurs, Sgrs de Marzy.
— Mathias-Bernard Goudin, écuyer, Sgr de Chevenon, conseiller au Grand conseil, et en l'hôtel de ville de Paris.

Claude-Pierre Marion de Givry, écuyer, capitaine de cavalerie, chevalier de Saint-Louis.
— Demoiselle Jeanne de Montagu, dame de la Sgrie de la Garde.
— Dame Adélaïde-Marie-Louise de Jourdan (Jourda) de Vaux, comtesse de Fougières, dame de la Guierche, etc., veuve de messire François-Marie, comte de Fougières, maréchal de camp, etc., tutrice de son fils Louis-Joseph de Fougières, baron de la Guerche.

Joseph-Louis, marquis de Saint-Phalle, Sgr baron de Cudot, Beaulieu, etc.
— Jean-Baptiste de Courvol, chevalier, Sgr de Billeron et Lucy en partie, capitaine au régt de Limousin-infanterie.
— François de Toury (Thoury), chevalier, Sgr de Moclot ou Morlot.

François-Hyacinthe, comte de Dreuillé, Sgr d'Avry-sur-Loire, etc., chevalier de Saint-Louis, capitaine de cavalerie, ancien chevau-léger de la garde du Roi.

Claude-Louis-François Rapine, chevalier, Sgr de Sainte-Marie, Saint-Martin, etc.
— Claude de Pagani, *alias* de Pagny, chevalier, Sgr de la Ville-Chaise.
— Dame Marie-Françoise Dechamps de Saint-Léger, veuve de Claude de Pagani, dame de Précy, Chérault, etc., en son nom et comme tutrice de ses enfants.

Louis-Claude Marion des Barres, écuyer, Sgr de Boisvert.
— Dame Marie-Marguerite Chevalier, vicomtesse de la Rivière, tutrice de ses enfants mineurs, propriétaires des Sgries de Saint-Brisson, Coulon, Billy, etc., épouse séparée de Charles-Gabriel, vicomte de la Rivière, brigadier des armées du Roi.

Jacques-Gabriel, marquis de la Ferté-Meun, chevalier de Saint-Louis, Sgr de Prechargé et Gerbais, ancien capitaine au régt d'Auvergne.
— Jacques-Marie de Druy, chevalier, Sgr d'Avry, etc.
— Dame Marie-Henriette Fournier, marquise de Chabannes, dame en partie de la terre de Quincy-sur-Yonne, veuve de François de Chabannes.

Philippe de Veilhan, chevalier.

François-Marie Dechamps de Saint-Léger, chevalier, Sgr de Saint-Léger, etc., chevalier de Saint-Louis.
— Amable-Charles, comte des Ulmes, chevalier, Sgr de Torcy, Beaulon, etc.
— Paul-Augustin Save, chevalier, Sgr d'Ougny et d'Arleuf, ancien chevau-léger de la garde du Roi.

Philippe-Benoît Marion de la Mole, écuyer, maître des eaux et forêts du duché de Nivernois.
— Louis-Alexandre Comeau, chevalier, Sgr de Satenot, Passy, etc.
— Demoiselle Claude-Geneviève Sallonyer d'Avrilly, dame des fief et Sgrie de la Brosse.

Jean-Baptiste-Joseph de Brun, chevalier, lieutenant de cavalerie, chelier de Saint-Louis.
— Claude de Chargère, écuyer, Sgr de Tourny.
— Guillaume de Chargère, écuyer, Sgr du Grand-Marie.
— Claude-Laurent Chambrun d'Uxeloup, écuyer, Sgr de Rosemont, Uxeloup, Reugny, etc., conseiller auditeur à la cour des comptes de Metz.

Charles *alias* Claude Després, marquis de Montaguenan et Limozane au royaume de Naples, Sgr de Roche-sur-Aron.
— Charles-Claude Andrault, chevalier, marquis de Langeron, et de Maulévrier, chevalier des ordres du Roi, Sgr de Poussaux, lieutenant-général des armées, commandant en chef en Franche-Comté.
— Paul-Augustin de Bréchard, chevalier, Sgr de Brienne, chevalier de Saint-Louis, ancien capitaine au régt de la Manche.

Jean-Vincent, chevalier de Saint-Phalle, Sgr de Champagne, chevalier de Saint-Louis.

Charles de Failly, écuyer, Sgr de Chifort ou Chuffort.
— Eustache Robert de Chéry, chevalier, Sgr en partie de Lancray, ancien garde du corps du Roi.
— Nicolas Gannay (de Ganay), chevalier, Sgr du Pavillon.

Charles-François de Saulieu de Saincaize, écuyer, chevalier de Saint-Louis, Sgr des grands et petits Marais, ancien mousquetaire.
— Dame Marie-Victoire Brisson de Saulieu, dame de Saincaize et de Gigny, veuve de François de Saulieu.
— Honoré de Virgile, chevalier, Sgr de Clameron ou Chameroy et des Boutards, brigadier des gardes du corps du Roi.

Claude-Charles Prisye de la Marche, écuyer, Sgr de Froidfond.

Jacques-Claude de Bèze, écuyer, chevalier de Saint-Louis, capitaine d'infanterie, lieutenant des maréchaux de France.
— Jules-César Le Muet de Thurigny, écuyer, Sgr de la Poté et baronie d'Asnois, etc., capitaine d'artillerie.

— Louis-Charles-Claude Duverne, chevalier, Sgr d'Orgue, lieutenant de vaisseau, chevalier de Saint-Louis.

Henri-François Lepain de Bussy, chevalier, Sgr de Soultrait.

Guillaume Lepain, écuyer, Sgr de Charly et Bois-Mercier.

— Claude Martenne, écuyer, Sgr du fort de Lanty.

— Alexandre-Paschal-Marc de la Chasseigne, chevalier, Sgr de Peugny, etc.

Pierre-Claude de Courvol, chevalier, Sgr de Chary et la Bretonnière, capitaine d'infanterie, chevalier de Saint-Louis et chevalier novice de l'ordre de Saint-Lazare et de N.-D. du Mont-Carmel.

— Claude-Joachim, chevalier de Chabannes, Sgr par indivis de Vué, Aspiry, etc.

Louis-Philippe Duverne de Marancy, chevalier, Sgr de Marancy, etc., capitaine d'infanterie, chevalier de Saint-Louis.

— Pierre de Chazal, chevalier, Sgr de la Villeneuve-les-Bonnay, des Landes, etc., conseiller au Grand conseil.

François de Saulieu de Soulangi, ancien officier au régt de Limousin-infanterie.

Jacques-Louis, vicomte de la Ferté-Meun, Sgr de Saulière.

— Jacques-Marie de la Ferté-Meun, chevalier, Sgr en partie de Champdioux.

— Pierre de Virgile, écuyer, Sgr de Mézeray, chevalier de Saint-Louis, commandant la citadelle d'Amiens.

— François de Virgile, écuyer, Sgr de Saint-Michel.

Hugues-Michel, comte de Charry, chevalier, Sgr de Lurcy-le-Bourg, etc.

— Philippe-Germain, vicomte du Bois d'Aisy, chevalier, Sgr de Guipy et Prélichy, capitaine de cavalerie.

— Philippe-Anne de Ganay, chevalier, Sgr de Pazy et Saint-Gremange.

Pierre-Florimond de la Venne de Passansay, écuyer, ancien officier d'infanterie.

— Pierre-Constant, marquis de Certaines, chevalier, Sgr de Laché, Monas, etc.

— Antoine de la Venne de Saint-Maurice, chevalier, Sgr de Saint-Maurice.

Jean-Marc Quesnay de Beauvoir, écuyer, Sgr de Beauvoir et Beaurepaire, ancien gendarme de la garde ordinaire du Roi.

— Blaise-Guillaume Quesnay, écuyer, Sgr de Beauvoir, Saint-Germain en Viry, Beaurepaire.

Antoine-François de Villars, écuyer, Sgr de Fabiargues, commissaire des classes de la marine.

— Paul-Louis de Ganay, chevalier, Sgr de Visigneux et de Pron, chevalier de Saint-Louis, gouverneur de la ville d'Autun.

— Charles de Chargère, écuyer, Sgr de la Coudre et du fief du Guay, chevalier de Saint-Louis, lieutenant de cavalerie au régt de Champagne.

Jacques Ducrest du Breuil, chevalier, Sgr du Breuil.

— Bertrand Paignon, curé de la paroisse de Lichy, propriétaire du fief de Chézal, *aliàs* Luzat.

— Jean-Jacques Pierre, chevalier, Sgr de Sainty, Franay, etc.

André-Jacques-Népomucène de Bèze, *alias* Raponneau de Bèze, écuyer, Sgr de Vesvre et du fief de Tannay, gendarme de la garde, réformé.
— Guillaume Potrolot de Grillon, écuyer, Sgr de Montécot, ancien gendarme de la garde, Sgr indivis avec la dame du Sarry, sa mère, et les sieurs Christophe de Grillon, et Edouard de Grillon, ses frères.
— Dame Magdelaine du Sarray de Grillon, dame de la Sgrie du Plessis, veuve de Claude-Edouard Potrolot de Grillon.
Henri, baron de la Bussière, chevalier, Sgr de la Motte-Sembrève, etc., ancien lieutenant au régt de Lyonnais.
— Pierre-Jacques-François de la Pigue, *alias* de la Vigne, chevalier, Sgr en partie de Bulcy ou Bulley.
Simon de Turpin, écuyer.
— Constantin Gravier, comte de Vergennes, ministre plénipotentiaire du Roi près l'électeur de Trèves, Sgr du fief de Passy en Nivernois, conseiller d'Etat, capitaine-colonel des gardes de la porte, colonel d'infanterie.
Eusèbe-Félix Chaspoux, *alias* Charpon, chevalier, marquis de Verneuil, grand échanson de France, Sgr de Dorne, comte de Loches, vicomte de Betz, baron du Roullay, etc.
Charles-François, marquis de Bonnay, mestre de camp de cavalerie, sous-lieutenant des gardes du corps du Roi, Sgr de Lucenay-les-Aix et la Grange.
— Dame Louise-Charlotte de Méru, comtesse du Ligondès, dame de Salle-Bernay, etc., veuve de François, comte du Ligondès, enseigne de vaisseau.
Amable-Charles de Champs, chevalier, Sgr du Creusot, etc.
— Gaspard-Antoine, comte de Prévost, chevalier, Sgr de Germancy, Crecy, le Chanay, etc., chevalier de Saint-Louis.
— Guillaume-Amable de Champs, écuyer, Sgr en partie du Fournay.
Etienne-François, comte de Berthier-Bizy, chevalier, Sgr de Bizy, des Fougis, etc.
— Dame Louise de Las de Prye, marquise du Bourg, dame de Saint-Benin, d'Azy, etc., veuve de messire Emmanuel-Gaspard-Jean-Marin, marquis du Bourg.
— Pierre Babaud de la Chaussade, écuyer, Sgr de Beaumont la Ferrière, Sichamps et dépendances, secrétaire du Roi.
Charles-Louis-David Le Peletier, comte d'Aunay, colonel inspecteur général de cavalerie.
— Louis-Michel Le Peletier de Saint-Fargeau, président à mortier au parlement de Paris, Sgr de Pesselière, Montbafault et la Motte-les-Vaux, conseiller d'Etat.
— Charles-François-Nicolas Brisson, conseiller au parlement de Paris, Sgr de Montalin.
François-Philippe de Bourgoing de la Beaume, chevalier, capitaine d'infanterie, chevalier de Saint-Lazare de Jérusalem et de N.-D. du Mont-Carmel.
— Germain de Meun de la Ferté, vicaire général du diocèse de Lisieux, Sgr de Lacave,

— Anne de Meun, vicomte de la Ferté, chevalier, Sgr de Challement.

Jean-Baptiste de Voisins, écuyer, chevalier novice des ordres de Saint-Lazare et N.-D. du Mont Carmel.
— Dame Anne-Elisabeth Deschamps de Pravier, baronne de Nuchèse, dame de Planchevienne, veuve de Jean-Baptiste, baron de Nuchèse.
— Michel-Claude de Nuchèse, chevalier, baron de Nuchèse, Sgr de Saint-Georges, La Grange, etc.

Emilian du Crest, chevalier, Sgr de Saint-Michel.

Paul-Augustin-Marie de Bréchard, chevalier, Sgr de Brinay.
— Pierre de Bréchard de la Cour, co-Sgr de Brinay et Chaumont-la-Cour.
— Joseph-Marie de Bréchard de Chamonot, co-Sgr de Brinay, etc.

Philibert-François Sallonyer de la Mothe, écuyer, lieutenant des maréchaux de France.

Angélique-Louis-Marie de Remigny de Joux, marquis de Rémigny, Sgr de Cigogne, Billy, Dumflun, etc.

Marie-Barthelémy, comte de Bar, Sgr de Limauton et Sauzay, ancien capitaine de cavalerie.

Etienne-Charles de Damas de Crux, chevalier non profès de l'ordre de Saint-Jean de Jérusalem, chevalier de Saint-Louis, colonel du régt de Vexin, chambellan de feu le duc d'Orléans.
— Dame Anne-Thérèse-Françoise Grassin, comtesse de Percy, dame des Granges, Sailly, etc., veuve de Charles-François comté de Percy, ancien capitaine de cavalerie, chevalier de Saint-Louis, commandeur de l'ordre de Saint-Etienne de Toscane.
— Charles-Armand-Auguste Pons, vicomte de Pons, Sgr de Champlemy, Neuville et les Conges, comte de Clermont, premier baron du Dauphiné, marquis de Tulins et de Saint-Geoire, vicomte de Meaux, baron de Champlemy, chevalier de Saint-Louis, maréchal de camp.

Jean-Baptiste Truittié de Varreux, chevalier, Sgr de Villecourt, Monceaux, Mirebeau, etc., lieutenant de Roi en la province de Nivernois.
— François Sallonyer de Montviel, chevalier, Sgr de Chapan, lieutenant-colonel d'infanterie, chevalier de Saint-Louis.

Edme-Jean-Baptiste de la Bussière, chevalier novice des ordres de Saint-Lazare et de N.-D. du Mont-Carmel.
— Jean-Baptiste-Auguste de Mazens, chevalier, baron de Bony, Sgr de Dampierre, Ville-Vaux, etc.

Edme Andras, vicomte de Marcy, chevalier, Sgr de Cougny.
— Pierre-Charles Andras, comte de Marcy (baron de Poiseux).
— Charles Andras, chevalier de Marcy, Sgr de Changy et Tregny.

Louis-Alexandre de Courvol, chevalier, Sgr de Lucy, officier au régt de Limousin.
— Dame Marie-Anne de la Tournelle, comtesse de Courvol, dame de Reugny, veuve de Louis de Courvol de Lucy.
— François-Emmanuel, vicomte de Toulongeon, Sgr de Fozay.

Jean-Alexandre, marquis de Prévost de la Croix, chevalier, Sgr de Lamenay, en partie de Ris, etc., capitaine de dragons.
— Jean-François de Bourgoing, major du régt du duc d'Angoulême, chevalier de Saint-Louis, ministre plénipotentiaire du Roi auprès des princes et états du cercle de la Basse-Saxe, Sgr de Charly.
— Pierre Thevenet, curé de Lamenay, Sgr de Maulais.
Etienne-Jean Gayault, chevalier, Sgr baron de Maubranches, capitaine de dragons, lieutenant des maréchaux de France, Sgr de Cru, Naubois, Lagardé, etc.
— Louis-Pierre, comte de Jaucourt, maréchal de camp, Sgr de Brinon, Courcelles, Neuville, etc., baron d'Hubans.
Joseph-Henri-Camille-Marie de Fournier, vicomte d'Armes, capitaine de cavalerie.
— Louis-Antoine, vicomte de Chabannes, Sgr de Vuée et Apiry, Argoulais, etc.
François-Hyacinthe de Lichy (marquis de Lichy), capitaine de cavalerie, chevalier de Saint-Louis.
— Jacques-Gabriel, comte de Lichy, Sgr de Lichy, Chevroux, etc., mestre de camp de cavalerie.
— Jean-Joseph, comte Le Borgne (de le Borgne), chevalier, Sgr de la Pommeraye, chevalier de Saint-Louis, ancien capitaine d'infanterie.
Jean-Joseph de Voisins-Duvernay, chevalier, capitaine au régt d'Agenois.
— Jean-Gilbert Faure, écuyer, avocat au parlement, président-trésorier de France à Moulins, Sgr de Beaumont.
— Dame Louise-Jeanne-Guyonne Ogier d'Ivry, comtesse Ducrest, dame de Villaine, Neuvelle, Grandry, etc, veuve de Michel, comte Ducrest, chevalier, ancien officier aux gardes françaises, chevalier de Saint-Louis, tutrice de leurs enfants.
Antoine-Louis-François de Viel de Lunas, marquis d'Espeuilles, capitaine de dragons, Sgr d'Espeuilles, Varigny, Fuzilly, etc.
— François-Joseph Le Lièvre, marquis de la Grange et de Fourille, commandeur de l'ordre de Saint-Louis, Sgr de la Grange, Attilli, Beaurepaire, etc., lieutenant-général des armées du Roi, gouverneur de Brie-Comte-Robert.
— Ambroise-Polycarpe de la Rochefoucauld, duc de Doudeauville, co-Sgr du marquisat de Villequier et Montfaucon, grand d'Espagne de première classe.
Elisabeth-Pierre de Fezensac baron de Montesquiou, co-Sgr du marquisat de Villequier et Montfaucon, fils du marquis de Montesquiou, premier écuyer de S. A. R. Monsieur, comte de Provence.
Louis-Marie-Céleste d'Aumont, duc de Pienne, co-Sgr du marquisat de Villequier et Montfaucon, marquis de Cœuvres.
Charles-François de Saulieu de la Chomonerie, *alias* de Chaulieu de la Chaumonnerie, chevalier, chevalier de Saint-Louis
Antoine-Pierre de Viel, comte de Lunas, capitaine de cavalerie, Sgr de Marigni, la Montagne, etc.

— Elie, vicomte d'Ugon, chevalier, Sgr de Mouche et de la Rochette, chevalier de Malte.
— Henri-Georges-César, comte de Chatelux, maréchal de camp, vicomte d'Avalon, Sgr de Roussillon, etc, premier chanoine héréditaire de l'église cathédrale de Saint-Etienne d'Auxerre, chevalier d'honneur de Madame Victoire de France.

Jacques-Louis, marquis de la Ferté-Meun, capitaine au corps des carabiniers.
— François de la Ferté-Meun, chevalier (comte de la Ferté-Meun), Sgr de Monceau, etc.
— Pierre-François Aymond de Montépin, chevalier, Sgr de Montgason, et Soucy, tuteur de Jean-Baptiste Aymond de Montépin son fils.

Charles de la Venne de la Montoise, écuyer.
— Jacques-François, chevalier de la Venne de Sichamps, écuyer, Sgr de Sanisy.

Charles-Florimond de la Venne, chevalier, lieutenant au régt de Barrois.

Antoine-Henri de Rémigny de Joux, chevalier de l'ordre de Saint-Jean de Jérusalem, et de Saint-Lazare.

Jacques Gascoing du Chaseault, chevalier, Sgr du Pressour, officier à la suite des chasseurs du Hainault.
— La dame Reine de la Ferté-Meun, veuve de Louis Guillier de Cromas, dame en partie de la terre de Chandier.
— Yves-Antoine de la Ferté de Meun, chevalier, Sgr de Pierrelitte, ancien major d'infanterie, chevalier de Saint-Louis.

Guillaume de Palierne, écuyer, Sgr de la terre de Beaugy.
— Jean-Pierre de Palierne de Seaux, écuyer, Sgr de Seaux.
— Demoiselle Marie-Anne de Chéry, dame de Lancray.
— Armand-Sigismond-Félicité-Marie, comte de Sérent, Sgr de Méhére et Vaucloix, colonel au régt du duc d'Angoulême.
— Dame Louise-Françoise-Léontine de Prunelé, dame de Fonfaye, la Celle-sur-Loire, Dregny et Sauvigny.
— Abraham-Frédéric, vicomte d'Hautefort, maréchal de camp chevalier de Saint-Louis, Sgr du comté de Neuvy, la Celle-sur-Loire, etc., gentilhomme d'honneur de Monsieur frère du Roi.

Jacques-Florimond de la Venne, écuyer, Sgr de Choulot.
Louis-François, comte de Bréchard, chevalier, Sgr d'Achum et Pouilly.
Pierre-François de Bréchard de Chaumont, chevalier, Sgr de Choulot.
Louis-Antoine, vicomte de la Ferté-Meun, lieutenant des vaisseaux du Roi.
— Marie-François-Joseph-Xavier-Népomucène Collin de Gévaudan, chef d'escadron au régt des chasseurs de Lorraine, Sgr de Concley.

Antoine-François-Philippe Dubois des Cours, marquis de la Maisonfort.
— Demoiselle Rose-Esther Dubois des Cours de la Maisonfort, dame du fief de Seiez.

— Pierre-Marie-Camille Fournier, comte d'Arthel, capitaine au régt Dauphin cavalerie, Sgr par indivis d'Arthel.
— Antoine-Nicolas-François-Xavier, marquis de Fussey, chevalier, Sgr du Tremblay, Isenay, Savigny, etc.

Thomas-Laurent-Magdelaine Duverne de Presle, chevalier, lieutenant des vaisseaux du Roi.

— Louis-Alexandre Duverne, chevalier, Sgr de Giverdy, capitaine de dragons, écuyer de Mgr le comte d'Artois.

Adrien Godard de la Belouze, écuyer.

— Henri-Charles de Thyard de Bissy, comte de Thyard, lieutenant général des armées du Roi, chevalier de ses ordres, baron de Vaux, commandant en Bretagne.
— Louis-François-Marc-Hilaire de Conzié, évêque d'Arras, Sgr vicomte de Druyes-les-Fontaines, Montputois, Pierrefitte, la Bretonnière, baron de Ferrière, etc.

Louis-Alexandre Andrault, comte de Langeron, colonel attaché au régt d'Armagnac, Sgr de la baronie de la Ferté, de Langeron, etc.

— Guillaume Godard de la Motte, écuyer, Sgr de la Motte-Charante, capitaine de cavalerie.
— Pierre-Henri de Noury, chevalier, Sgr de Chaumigny et Vroux en partie, capitaine de grenadiers au régt de Colonel-général, chevalier de Saint-Louis.

Guillaume Robert, marquis de Chéry, chevalier, Sgr de Gimoville, Aglaud, Le Marais, etc.

— Mademoiselle Jeanne-Charlotte de Bréchard, dame en partie de Chamons.
— Louis-Henri de la Rochefoucauld-Couzanges, Sgr de Couzanges, Cavaignac et Montigny.

Jean-Claude Duverne de la Varenne, chevalier, ancien capitaine au régt de Navarre.

— Barthélemy Duverne, maréchal de camp, son frère, Sgr de Villiers-le-Sec, Revillon, etc.
— Jean-François Gentil de la Breuille, chevalier, Sgr de la Breuille, etc.
— Louis-Benigne-François de Berthier, chevalier, conseiller du Roi, maître des requêtes, intendant de la Généralité de Paris, Sgr de Sainte-Geneviève de Seguigny, Liers, le Perrai, etc.

Robert-François-Joseph Quesnay de Saint-Germain, chevalier, Sgr de la Mothe Saint-Germain, etc., conseiller à la cour des aides de Paris.

Louis-Charles Gravier, vicomte de Vergennes, colonel en second au régt de Bassigny.

— Mme Elisabeth Brisson, veuve de messire Gaspard Le Compasseur de Créquy, Sgr de Montfort, comte de Menessaire, capitaine de cavalerie au régt d'Orléans.
— Amable-Barnabé-Jacques Brisson, chevalier, officier d'artillerie, co-Sgr de Montcalin.
— Philippe-Charles-François Paperel de Vitry, chevalier, Sgr d'Agnon, Charpoil, etc., ancien capitaine de cavalerie, chevalier de Saint-Louis, lieutenant de Roi à Laon.

— Louis-Jacques de Chabannes, vicaire-général de ce diocèse non bénéficier, co-Sgr de Vuée, etc.

Le Roy de Prunevaux, bailly d'épée, président.
Gayault de Maubranches, secrétaire.

Protestations de plusieurs membres de la noblesse.

22 mars 1789.

Pardevant les conseillers du Roi, notaires au bailliage royal et à celui du duché-pairie de Nivernais en la résidence de Nevers (p. 440.445).

Jean-Pierre Damas, comte d'Anlezy, maréchal de camp, Sgr du comté d'Anlezy.
— Le prince de Chalais, marquis de Vandenesse.
Etienne-Charles Damas de Crux, chevalier de Malte et de Saint-Louis, colonel du régt de Vexin.
— Le comte de Damas de Crux.
— Le vicomte de Quincy de la Charnaye.
Angélique-Louis-Marie, marquis de Remigny de Joux, Sgr de Semelin.
Antoine-Henri, chevalier de Remigny, Sgr indivis du fief de Semelin, relevant directement de la Tour carrée de Saint-Pierre.
Thomas-Laurent Duverne de Presle, chevalier, lieutenant de vaisseau du Roi.
— Pierre de Ronay, Sgr de Champigny-Evreux.
— Louis-Philippe Duverne de Marancy, Sgr de Parigny sur Sardolle.
Louis-Marie-Gabriel-César, baron de Choiseul, maréchal de camp, ambassadeur du Roi à Turin, Sgr de Monsages.
Louis-Claude-François Carpentier de la Thuillerie, écuyer, Sgr de la Brosse.
— De Broglie, prince de Revel, Sgr de Drux.
Louis-Alexandre Andrault, comte de Langeron, colonel d'infanterie, Sgr de Cougny.
— Foulon de Doué, intendant de la Généralité de Moulins, Sgr de la Tournelle.
— Le comte de Thyard, Sgr de Vaux.
Henri de la Bussière, baron de la Bussière.
— Pierre-Jacques-François de la Vigne, chevalier, Sgr en partie de Bulzy.
François-Hyacinthe de Lichy, chevalier, capitaine de cavalerie, ancien chevau-léger de la garde ordinaire du Roi.
— Jacques-Gabriel, comte de Lichy, Sgr de Lichy, Chezy, Chevoux, Grandchamp, mestre de camp, ancien maréchal des logis des chevau-légers.
N... Saulieu de Saint-Caize, chevalier, capitaine de cavalerie, chevalier de Saint-Louis.

— Madame Menaut, veuve de M. Dodard, chevalier de Saint-Louis, dame du Rauzet.

Charles-François, marquis de Bonnay, chevalier, Sgr de Lucenay-les-Aix, etc.

— Dame de Las de Prye, veuve du marquis du Bourg, dame d'Imphy.

— Pierre-Claude des Jours, comte de Mazille, Sgr de la Goutte.

Louis de la Ferté-Meun, lieutenant de vaisseau.

— Le marquis de Saffroy, marquis du Tremblay.

Charles-Louis-David Le Peletier, comte d'Aunay.

— Le marquis de Puységur, Sgr de Garchy.

François-Nicolas Bricault, écuyer.

— De Ganay, écuyer, Sgr en partie de Méris-en-Genevray.

Etienne-François, comte de Berthier-Bizy, chevalier, Sgr des Fongis et Bizy.

— Mme la comtesse du Ligondais, dame de Bernay.

— Babaud de la Chaussade, Sgr de Beaumont la Ferrière.

Claude-Pierre Marion de Givry, chevalier, Sgr de Givry.

Etienne Girard de Montifault, écuyer, Sgr de Beaumont.

Antoine-Pierre Dreuille, Sgr de Montagne.

Pierre-François Fournier, comte de Quincy, Sgr d'Arthel.

Jean-Baptiste-Charles Truittié de Vareux, chevalier, lieutenant de Roi de la province du Nivernais, Sgr de Mirebeau, Villecourt, etc.;

Protestent contre la décision du bailli qui refusait d'admettre les gentilshommes chargés de procurations, contrairement aux articles 20 et 21 du règlement annexé aux lettres de convocation des Etats généraux du 24 janvier 1789.

Adhésion à la protestation précédente.

23 mars 1789.

Louis-Alexandre Andrault, comte de Langeron, colonel d'infanterie, Sgr de Congny.

Alexandre-Jean, marquis de Prévost de la Croix, capitaine de dragons, Sgr de Crux.

Etienne-Nazaire Girard de Montifault, écuyer, Sgr de Montifault.

Pierre-Louis-Paul Randon de Lucenay, chevalier, capitaine de cavalerie, chevalier de Saint-Louis, Sgr du Bessay.

BAILLIAGE DE SAINT-PIERRE-LE-MOUSTIER.

Procès-verbal de l'Assemblée générale des trois ordres (1).

16 mars 1789.

(*Archiv. imp.* B. III, 138, p. 106, 114-117 ; 181-183.)

Jean-Joseph-Pierre Sallonier, chevalier, Sgr d'Avrilly, Tannay, etc., ancien mousquetaire de la garde ordinaire du Roi, grand bailli d'épée au bailliage royal de Nivernais, siége présidial de Saint-Pierre-le-Moustier.

NOBLESSE.

— De Borne de Gouveau.
— De Borne de Grandpré.
De Bosredon, Sgr de l'Isle-Savary.
Le comte de Bréchart, Sgr de Championsi, Bussy.
— Bréchard, Sgr de Chaumonot.
— De Bréchard, Sgr de Brinoy.
Brunot, baron de Vitry, Sgr de Montaron, etc.
— De Certaines, Sgr de Bruère.
— Le prince de Chalais, Sgr de Vandenesse.
Le baron de Choiseul, Sgr de Sermoise.
— Le Sgr de Cuzy.
— De Damas d'Anlezy, Sgr d'Anlezy.
— Dechamps du Creusot.
— Dechamps de Saint-Léger.
De Dreuille d'Issard, Sgr de la Barre.
Le chevalier de Dreuille, Sgr de Lurcy-sur-Abrais.
— Dupré de Saint-Maur, Sgr de Saint-Montaine.
Duverne de Presle, Sgr de Giverdy.
— Les héritiers du comte de Fougières, Sgrs de la Guerche et Pry.
Girard de Montifault, Sgr de Beaumont.
Girard de Bussan, Sgr de Trenay.
— De la Barre de Villatte.
Le comte de la Ferté-Saulière, Sgr de la Roche-Milay.

---

(1) Cette liste a été revue et collationnée sur les procès-verbaux des assemblées particulières de la noblesse des mois de mars et d'avril 1789. (B. III. 138, p. 180-267.)

Le vicomte de la Ferté-Meun, Sgr de Milay et de la Ferté-Meun.
Le comte de Langeron, baron de Congny et Sgr de Livry, en partie.
— La dame de la Roche, veuve de la Chassagne de Châteauvert.
Le Roy, baron d'Allarde.
Le chevalier Le Roy.
— De Lichy, Sgr de Lichy et de Chaveroche.
Le marquis de Lunas (Viel), Sgr de Jaugenay, Montapas, Espeuille, Colombot, Mongny et la Montagne.
Le comte de Lunas.
Marion de Givry, Sgr de la baronie de Givry.
Le marquis de Pracontal, Sgr de Joie, Châtillon, Monssy, Maré.
Prevost de la Croix, Sgr de Crux.
De Purot, Sgr de Chanay.
Randon de Lucenay, Sgr du Perroy,
— Rapine de Saxe.
— Madame la marquise de Saint-Sauveur.
Sallonier de Chaligny, Sgr de Chaligny.
Sallonier de la Motte.
Sallonier (de Sallonier) de Tannay, Sgr de Tannay (comte de Tannay), grand bailli d'épée.
Save d'Ougny, Sgr d'Ougny.
— De Siclune de Trougny, Sgr de la Trouallère.
— Le comte de Thyard.

Procès-verbal de la Chambre de la noblesse du bailliage de Saint-Pierre-le-Moutier, assemblée en vertu de l'arrêt du conseil du 6 avril 1789 (qui avait annulé l'élection du 18 mars précédent).

17 avril 1789.

(*Archiv. imp.* B. III. 138, p. 255-267.)

Sallonier de Tannay, grand bailli.
De Prévost (le comte de Prévost).
Marion de Givry.
Andrault de Langeron (comte de Langeron).
De Bosredon.
Le chevalier de Dreuille.
Marion des Barres.
Le chevalier de Vaissieu.
De Viel de Lunas.
Le chevalier de Courvol de Ligny.

Le chevalier de Coulon.
De Saulieu de Saincaize.
Le chevalier d'Allarde.
Le chevalier de Bosredon de la Charretière.
Le chevalier de Damas.
De Viel d'Epeuilles (marquis d'Espeuilles)
Duquesnoy (le marquis du Quesnoy).
De Berthier (le comte de Berthier de Bizy).
De Lucenay (le marquis de Lucenay, mestre de camp de cavalerie).
De Dreuille d'Avry.
De Montagnac.
De Dreuille d'Issart.
Girard de Montifaut.
Marion de Lamotte.
D'Allarde.
Le baron d'Allarde, secrétaire.

LISTE DES DÉPUTÉS DES TROIS ORDRES.

AUX ÉTATS GÉNÉRAUX DE 1789.

NEVERS.

Fougère, curé de Saint-Laurent de Nevers.
De la Renne, prieur curé de Saint-Martin de Nevers

Le comte de Sérent.
Le marquis de Bonnay.

Gounot, avocat en parlement.
Parent de Chassi, avocat aux conseils.
Maranda d'Oliveau, avocat en parlement.
Robert, avocat au bailliage présidial de Saint-Pierre le Moutier.

SAINT-PIERRE LE MOUSTIER.

François de Damas, doyen de la cathédrale de Saint-Cyr de Nevers, vicaire général du diocèse.
Dom Abel de Lespinasse, prieur titulaire du prieuré de Saint-Pierre, suppléant.

Le comte de Bar, chevalier.
Le Hoy, chevalier, baron d'Allarde, suppléant.

Gabriel Vyan de Baudreuille, lieutenant-général au siége présidial.
Picart de la Pointe.
Claude-François Rollot, juge de la Tournelle, suppléant.
Jean Sautereau, avocat en parlement, suppléant.

GOUVERNEMENT MILITAIRE.

Le duc de Nivernois, gouverneur général.
Le baron de Besenval, commandant en chef.
Le comte de Bercheny, commandant en second.
Truittié de Varreux, lieutenant de Roi.

Lieutenants des maréchaux de France :

Nevers .... De Bèze, chevalier de Saint-Louis.
                               De Maubranches (Gayault).
La Charité .... Le comte de Pélignières, chevalier de Saint-Louis.
Saint-Pierre le Moutier.. De Sallonnier.

CHAMBRE DUCALE DE NEVERS.

Présidents :

1763. Dubois, chevalier, premier.
     Ruby.

Conseillers maîtres :

Gueneau.
Prisye.
Marandat.

1778. Parmentier, avocat, procureur général et maître des archives.
Doloret, inspecteur général du duché.
Morin, substitut.
Simonin, receveur général du duché.
Callot, commissaire général des saisies féodales.

PRÉSIDIAL DE SAINT-PIERRE-LE-MOUSTIER.

Sallonnier d'Avrilly, grand bailli d'épée.
Blanzat de Levange, président.
Vyan de Baudreuille, lieutenant-général.
Dubosc-Dion, *aliàs* du Roseau, lieutenant criminel.
Meurs, lieutenant particulier.
Perrot, lieutenant assesseur civil et criminel.
Dom de Lespinasse, prieur des bénédictins, conseiller né.

Dollet de Chassenet, doyen.   Moquot-Dagnon.
Dubled du Boulois.   Vivier de la Chaise.

Gens du Roi :

Rousset, avocat du Roi.
Jourdier, procureur du Roi.
Maillot, avocat du Roi.

www.ingramcontent.com/pod-product-compliance
Lightning Source LLC
Chambersburg PA
CBHW060727050426
42451CB00010B/1673